EN CADEAU

LA VERSION AUDIO DU LIVRE

W0367034

COMMENT ÇA MARCHE ?

1

TÉLÉCHARGEZ L'APP
Quelle Histoire

2

DÉVERROUILLEZ
votre livre

3

ÉCOUTEZ
votre histoire

Disponible sur App Store

DISPONIBLE SUR Google Play

Application compatible toutes tablettes et smartphones
à partir de iOS 8 et Android 4.4.

Quelle Histoire

Édition et conception : Quelle Histoire SAS. 22, Villa de Lourcine 75014 Paris
Illustrations : Bruno Wennagel, Mathieu Ferret, Mathilde Tuffin, Guillaume Biasse, Gabriel Raffoux, Emilie Bourgade, Robin Pécontal
Textes : Julie Gouazé

Siège social : 22, Villa de Lourcine 75014 Paris

www.quellehistoire.com
contact@quellehistoire.fr

Achevé d'imprimer en France par Pollina (85) - 91768D

Dépôt légal janvier 2020

Loi n°49-956 du 16 juillet 1949 sur les publications destinées à la jeunesse

PEFC 10-31-2841

FABRIQUÉ EN FRANCE

ZEUS

LA CRÉATION DU MONDE

Roi des dieux dans la mythologie grecque, Zeus est le dieu du Ciel et de la Foudre. Il est également appelé Jupiter chez les Romains. Mais qui est-il vraiment ? Pour le savoir, il faut s'intéresser à l'histoire de ses ancêtres et remonter loin dans le temps... Au moment de la création du monde, apparaît Gaïa, la Terre. Seule, elle enfante Ouranos, le Ciel couronné d'étoiles, qui la recouvre tout entière. Mère et fils, collés l'un à l'autre, s'unissent et Gaïa donne naissance aux toutes premières créatures : les Cyclopes qui n'ont qu'un seul œil, les Géants, mais aussi les Titans...

I

LES TITANS

Les Titans et les Titanides sont des créatures gigantesques. Ils sont douze au total, mais les deux plus importants sont Cronos et Rhéa. Même s'ils sont forts, leur vie est loin d'être facile car Ouranos, leur père, les déteste... Sais-tu pourquoi ? Un jour, il a entendu une prophétie disant qu'il serait tué par l'un d'eux ! Alors, pour éviter qu'elle ne se réalise, il enfouit ses enfants dès leur naissance dans le Tartare, un lieu sombre situé dans les entrailles de la Terre. Et pour les empêcher d'en sortir, il reste couché sur Gaïa. Tu t'en doutes, la déesse supporte de moins en moins cette situation...

LA RÉVOLTE DE CRONOS

Gaïa, fatiguée qu'on traite ainsi ses enfants, se rebelle : « Ça suffit ! Mon époux ne peut pas les empêcher de voir la lumière du soleil plus longtemps ! » Elle s'adresse alors aux Titans : « Il faut que nous nous débarrassions de votre père. » Mais seul Cronos répond à son appel. En secret, Gaïa lui fabrique une faucille et la lui donne : « Fais ce que tu as à faire. Je sais que c'est terrible mais nous n'avons pas d'autre choix. » Le Titan, profitant du sommeil de son père, s'approche de lui et lui tranche le bas du ventre. Blessé et humilié, le Ciel s'enfuit et s'accroche au-dessus de la Terre.

III

LE PREMIER COMBAT

Libérée de son mari, Gaïa peut enfin respirer librement et fait sortir tous ses enfants... Quel soulagement ! Les Titans quittent un à un les ténèbres pour remonter à la surface de la terre. Quand tous sont sortis, c'est l'explosion de joie : tous ses frères et sœurs félicitent Cronos d'avoir eu le courage d'affronter Ouranos et de l'avoir vaincu. Le Titan est si populaire qu'il devient le maître du monde. Puis, il épouse Rhéa qu'il aime depuis toujours et l'invite à régner à ses côtés. Tout semble aller pour le mieux, mais tu vas voir que la paix ne revient pas pour autant...

IV

LA PROPHÉTIE DE GAÏA

En effet, Cronos se sent coupable d'avoir blessé son père, mais que pouvait-il faire d'autre ? Bientôt sa mère lui révèle une prophétie qui lui donne encore plus de soucis : « Tu connaîtras le même sort qu'Ouranos et l'un de tes fils te détrônera. » De colère, il fait emprisonner les Géants et les Cyclopes dans le Tartare. Et pour conjurer le terrible présage, il décide de dévorer ses enfants dès leur naissance. Il commence par engloutir Hestia, puis Déméter, Héra, Hadès et Poséidon ! Rhéa est dévastée, d'autant plus qu'elle attend un sixième enfant...

LA NAISSANCE DE ZEUS

Et cet enfant, c'est Zeus, notre héros ! Rhéa, excédée, refuse que son mari le mange. Alors, pendant les neuf mois de sa grossesse, elle met au point une ruse. Quand vient le jour de la naissance, elle a tout prévu... L'air innocent, elle va voir Cronos et lui présente le nouveau-né : « Voici ton fils et tu peux le croquer », lui dit-elle. En réalité, ce n'est pas le bébé qu'il avale, mais une grosse pierre enveloppée dans des langes ! Le petit Zeus, lui, est caché dans les jupes de sa mère. Le Titan ne se rend compte de rien et, rassuré, continue de régner comme si de rien n'était.

GRANDIR CACHÉ

Mais Rhéa ne peut pas garder Zeus avec elle car Cronos pourrait le découvrir. Alors elle le confie à Gaïa qui le transporte en secret sur l'île de Crète. Pour protéger l'enfant, la déesse demande aux nymphes et aux dieux de l'île de tout faire pour que personne ne l'entende. Ainsi, à chaque gazouillis, les Crétois frappent leur bouclier de leur lance ou dansent bruyamment devant la grotte où le petit est caché. Loin de son terrible père, Zeus grandit tranquillement… Les nymphes s'occupent de lui, le nourrissant de miel et de lait de chèvre. Au fil des ans, il devient un grand et beau jeune homme.

VII

LA VENGEANCE DU FILS

Un jour, Zeus quitte la grotte de son enfance pour découvrir le monde... Sur son chemin, il rencontre Métis, une nymphe aussi sage que rusée. Elle lui révèle alors le secret de sa naissance : « Tu es le fils de Cronos, qui a dévoré tous ses enfants, sauf toi ! » Quel choc ! Zeus ne pense plus qu'à une chose : se venger et libérer ses frères et sœurs. Mais comment faire ? « Si tu parviens à lui faire boire cette potion, je suis sûre qu'il les recrachera », lui dit Métis en lui tendant une recette. Zeus la remercie avant de rejoindre sa mère qui pourrait lui prêter main-forte.

VIII

LES DIEUX RETROUVENT LEUR LIBERTÉ

Rhéa, heureuse de retrouver son petit dernier, accepte de l'aider et prépare l'étrange potion. Mais il reste un problème ! Comment la faire boire à Cronos ? La Titanide introduit son fils à la cour en le faisant passer pour un serviteur. Comme il est chargé de remplir de vin les coupes des convives, c'est sans difficulté que Zeus verse le poison dans celle de son père. Sans se douter de rien, le Titan boit goulûment. Mais très vite, il est pris de maux de ventre. « Mais que m'arrive-t-il ? Je crois que j'ai été empoisonné ! » dit-il. Malade, il vomit d'abord une grosse pierre puis tous ses enfants…

LA TITANOMACHIE

Une fois délivrés, les frères et sœurs de Zeus viennent l'embrasser. Puis la fratrie s'unit pour se révolter contre leur père. « Il doit payer pour ce qu'il nous a fait », s'écrit Héra. Cronos, en minorité, demande l'aide de ses frères, les Titans. Ces derniers s'installent sur le mont Othrys, tandis que Zeus et ses alliés préfèrent le mont Olympe. C'est alors une très longue guerre qui commence : la Titanomachie. Pendant dix ans, les affrontements s'enchaînent, sans qu'aucun camp ne sorte vainqueur. Jusqu'à ce qu'un jour, Gaïa chuchote à l'oreille de Zeus : « Vous ne gagnerez pas sans le soutien des Cyclopes… »

X

LE SOUTIEN DES CYCLOPES

Eh oui, souviens-toi que Cronos a enfermé les Cyclopes dans le Tartare ! « Ils auront forcément envie de se venger », pense Zeus devenu un fin stratège. Il descend dans les profondeurs de la terre et les trouve les mains enchaînées. « Bonjour, je suis Zeus, fils de Cronos... » « Cronos ? Je ne veux plus jamais entendre ce nom ! » hurle l'un des Cyclopes. Alors le dieu, tout en les libérant de leurs liens, leur raconte son histoire et leur demande de l'aide. Les trois créatures acceptent sans aucune hésitation : « Nous attendons de prendre notre revanche depuis si longtemps... Tu peux compter sur nous. »

DES ARMES REDOUTABLES

Pour remercier Zeus de les avoir délivrés, les Cyclopes vont lui faire un cadeau... Comme ce sont d'excellents forgerons, ils lui fabriquent une arme redoutable : le fameux foudre avec ses trois éclairs, capable de terrasser n'importe quel ennemi. « Avec lui, tu deviendras le maître de l'univers », lui confient-ils. Mais ce n'est pas tout... Dans un vacarme infernal, ils forgent aussi un trident pour Poséidon et un casque d'invisibilité pour Hadès. « Avec de tels équipements, nous devrions pouvoir renverser les Titans sans problème ! » s'exclame Zeus. Les Olympiens sont enfin prêts pour l'affrontement final...

UN AFFRONTEMENT TERRIBLE

Les Titans et les Olympiens se livrent une épouvantable bataille. Les montagnes s'effondrent, le ciel est rempli d'une épaisse fumée et d'immenses crevasses déchirent la terre… C'est le chaos ! Les Olympiens mettent toutes leurs forces dans ce combat. Zeus ne cesse d'envoyer son foudre sur Cronos, qui esquive ses attaques. C'est alors que les Géants arrivent en renfort. En jetant d'énormes rochers sur les Titans, ils parviennent à les assommer. C'est ainsi que les dieux réussissent à vaincre leurs adversaires. Et en guise de punition, Zeus les enferme à son tour dans le Tartare !

LE PARTAGE DE L'UNIVERS

La paix retrouvée, les dieux se félicitent... Quelle victoire ! Puis Poséidon, Hadès et Zeus se réunissent discrètement. « Pour éviter que de tels conflits ne se reproduisent, je vous propose que nous nous partagions l'univers. Ce sera beaucoup plus facile pour surveiller les créatures et empêcher qu'elles nous attaquent à nouveau », leur suggère Zeus. Son idée est vite acceptée par ses frères. Puis, ensemble, ils se divisent le monde : Poséidon devient le maître des océans, le coléreux Hadès obtient le royaume souterrain des Enfers, tandis que Zeus garde pour lui le ciel et la terre émergée.

LE MAÎTRE DE L'OLYMPE

Devenu le maître de l'Olympe, Zeus s'installe dans un magnifique palais au sommet du mont, entouré de ses frères et sœurs. Puis il s'unit avec la belle Héra, avec qui il règne sur le monde des dieux. Mais, tu t'en doutes, la situation ne va pas rester aussi paisible... En effet, Gaïa est en colère contre Zeus : elle ne lui pardonne pas d'avoir enfermé ses fils, les Titans, dans le Tartare ! Alors elle prépare sa vengeance en appelant à l'aide les Géants. Une nouvelle guerre éclatera bientôt : la Gigantomachie. La vie ne sera pas de tout repos pour Zeus... Ses aventures ne sont pas terminées !

GAÏA

Gaïa, la Terre, est au commencement de l'univers. Avec Ouranos, le Ciel, elle engendre les Titans, les Cyclopes et les Géants. Elle est donc la grand-mère des six premiers dieux de l'Olympe dont Zeus prend la tête.

CRONOS

Le Titan Cronos est à la fois le sauveur de Gaïa, sa mère et le bourreau de son père, Ouranos. Hanté par son crime et par la peur d'être détrôné par l'un de ses enfants, il les dévore dès leur naissance. Seul Zeus lui échappe.

RHÉA

La Titanide Rhéa n'est pas très chanceuse dans la vie ! Non seulement son père la tient prisonnière au cœur de la terre, mais son frère et mari croque tous ses enfants. Sauf le petit Zeus qu'elle parvient à sauver.

HÉRA

Héra connaît bien l'estomac de son père puisqu'elle est la dernière fille à être avalée ! Après avoir retrouvé la lumière du jour, elle aide son frère Zeus dans le combat contre les Titans puis elle devient son épouse.